Fingir la fiebre

Cristian Piné

Aliarediciones

Corrección: Julia Salas
Diseño de cubierta: Jaime Galisteo
Maquetación: Aliar Ediciones

Depósito Legal: GR 498-2024
ISBN: 978-84-10155-86-2

Impreso en España

Edita
ALIAR Ediciones
www.aliarediciones.es
info@aliarediciones.es

Fingir la fiebre

Cristian Piné

LO DE DENTRO

María de la Cruz

Existe un calor antiguo, una especie de llama primigenia que pone la materia en movimiento. Si afilamos el tacto, podemos sentir las raíces profundas que conectan un fuego que nadie ve con la posibilidad de estar aquí, ahora mismo, en este instante. Desde tiempos remotos, el calor entrega realidad a las cosas, también al poema, pues ¿qué es el *furor poeticus* sino una alteración en la temperatura del espíritu? ¿Qué es el poeta sino un ceramista afanado en sus miniaturas? Existe, además, un calor antiguo que no nos es dado, sino que nace en nuestro centro. Un giro asombroso de las células, acaso una violencia, una sacudida que parece acercarnos a una modalidad anterior del cuerpo, más dislocada y, por ello, más libre: la fiebre. Cristian Piné recoge en este poemario los temblores iluminados de una voz febril que es despojada de su calor esencial, de esa «brasa (…) / ardiendo bajo la protección / de las costillas».

Apunta Jean-Luc Nancy en *58 indicios sobre el cuerpo*: «El cuerpo guarda su secreto, esa nada, ese espíritu que no está alojado en él, sino que está esparcido, expandido, extendido completamente a través suyo, de modo que el secreto no tiene ningún escondite, ningún repliegue íntimo donde un día sería posible ir a descubrirlo. El cuerpo no guarda nada: se guarda como secreto». En este *Fingir la fiebre*, un cuerpo se retuerce como proyección en busca de su centro discursivo, de su *fiebre fingida*. En su simulacro de materia ficcionada, se encierra a sí mismo como secreto o como misterio mientras se tambalea entre contrarios sin detenerse. La corpórea es materia infinita en sus límites y contenida en sus desbordes, alucinada en la calma y quieta en los espasmos de la fiebre: la gran paradoja que vibra en su precario equilibrio como artefacto de artefactos y vano de vanos.

Persiste en este libro —y quizás en toda la poética de Cristian Piné— una obcecación por habitar la falta, por volver transitable un vacío particular. Esa estética del yo carente se enuncia como cuerpo instalado en una enfermedad ontológica que desemboca en una nada «tras el rictus». Su subjetividad se presenta plegada sobre sí misma, sí, pero también amplificada, siempre a punto de fundirse por fin con el cuerpo otro: «Mis ojos se parecen a tus ojos / (...) Y parecen iguales, casi idénticos, / porque tú te reflejas y lo mismo / en la otra dirección y las caricias / magullan nuestros párpados gemelos». Las potencias escondidas en el cuerpo solo pueden desplegarse por medio de sus afectos, es decir, de sus interacciones con un afuera que en estos poemas permea a veces a través de la mirada («Ten claro el intercambio, yo te miro»), a veces a través de «la piel ardida», pero que en cualquier caso se revela en magnitudes casi absolutas. De este modo, habrá de gestarse el contacto con las corporalidades lindantes —no necesariamente humanas— que vivifican la voz poética y la sujetan en sus vaivenes: «El aire es dado a cambio / de la negociación / intensa con los árboles». «Absurdo como un animal extinto», este cuerpo se rodea de polillas, insectos, cebras, salamandras, moscas, lobos o pájaros en llamas, lo que nos lleva a intuir aquí las huellas de un bestiario arraigado en lo simbólico.

Como en la naturaleza del símbolo, hay algo en esta arquitectura del hueco que responde al orden de lo sagrado. Piné lo sabe y nos permite rozarlo valiéndose de una sonoridad múltiple que, como un eco salmódico, regresa al poema sobre sus pasos para extenderse un poco más en cada vuelta. Si el sonido que conduce a lo trascendental necesita del vacío para reverberar, el yo corpóreo sufre cuando «el espacio / sagrado de la carne» es, al mismo tiempo, saturado de ruido y desposeído de su rumor único. ¿Cómo asegurar su propia consistencia en medio del derrumbe? La respuesta se entreteje en un plano futuro que se adopta como temporalidad alternativa. Es realmente llamativo el futuro que sobrevuela el poemario: no se erige como advertencia ni amenaza, sino más bien como inauguración. Futuro como tiempo para lo posible. Así, aun durante la ocupación de uno mismo, lo venidero ofrece una nueva ficción desde la que soñar. Sabed que «haré un hogar entre los dientes», parece anticipar la voz poética.

Cristian Piné insiste, además, en una idea: la boca, como acceso a un «templo despiezado / de un todo», acoge el hundimiento y la reconstrucción de una fe siempre frágil como es la fe en el habla. El lenguaje, como el cuerpo, une el exterior con el interior. Un cuerpo hablante toma materia del mundo para convertirla en fonemas, esos «abecedarios / que se estancan en el vientre». Entonces, la fiebre empuja como una fuerza centrífuga los sonidos que deben abandonar el interior de la vasija, pero que luchan por seguir enredándose en las vísceras: «Advierta usted esta hemorragia / vertiendo sus fonemas imprecisos». El cuerpo poético propone que, a pesar del no inicial, de la ira, de los intentos de negociación con los tumores y de la depresión, el lenguaje, con sus desgastes, es una hemorragia imparable, una enfermedad sin cura. Sin embargo, Piné construye una voz que, aunque progresivamente enmudecida, permite restituir un fuego giratorio y poderoso. De esta manera, es posible habitar el poema desde una alteridad silente como la de un pájaro o un lobo «vaciado[s] de su música». *Fingir la fiebre* nos induce a transformar la pérdida —de voz, de identidad, de fe— en un hallazgo que ensancha la consciencia hacia otras entidades y que repara, por imperceptible que parezca, en «el hongo que germina en el silencio».

Cuerpo poroso y enfermo colmado de huecos, de orificios o aberturas, de cavidades o llagas. Puertas todas ellas que supuran, desde su interior remoto, lenguaje. Desde esta óptica, ¿cómo no pensar la boca como una herida? ¿Y si cada pequeña hendidura, cada diminuta conexión con lo de afuera fuese un tajo primitivo y mal curado? Habríamos, pues, de llevar siempre atados los fantasmas de la incisión, esas cicatrices imaginadas que nos recuerden que «el corte de los párpados es limpio». Así, cada ventana a los otros actualiza un vacío encarnado y compartido. Se trata de «negociar con el cuerpo» y sostenerlo en sus pérdidas «por un dolor de agujas», por una precisión que sabemos efectiva cuando el otro también escucha con toda su materia.

Por eso, tras la aceptación final del desalojo identitario que padece el yo, el calor de la fiebre se instala de pronto en el cuerpo contiguo. Es el movimiento natural de las partículas. Energía y sonido se fusionan en este punto: su única razón de ser es su trasvase. Debe darse una cesión de fuerzas para que nuestras ficciones, enfermas y alucinadas, se sigan proyectando. Celebremos nuestro encuentro en esta «fiesta de la fiebre renacida» y honremos el contagio positivo del lenguaje. La poesía de Cristian Piné nos invita a confiar en que, en ese afuera, alguien seguirá el salmo pese a sus oquedades, pese a «lo de dentro». Al fin y al cabo, «todo / es parte de la apuesta con la herida, / todo palpita y crece, / todo palpita y crece», incluso en el vacío.

Madrid, 4 de abril de 2024

La noticia

La noticia

Usted está rendido, se deshace,
sus células le vencen, es su culpa,
que vive dando tumbos, revolviendo
el mar con su sudor en un combate
absurdo por el mando del oxígeno.
Por eso tiene fiebre, aunque fingida,
por eso nadie carga con su sangre,
por eso está sufriendo como un lobo
que agoniza vaciado de su música.
Usted está tan solo ante la hoguera
que el fuego hunde sus lenguas en su vientre
y enjuaga sus agujas. Están limpias
y sirven como un vivo simulacro
de usted mismo, de todo lo que crece.

Tengo que darle la mala noticia,
usted está febril y no le queda
más tiempo para que el frío le lama
la frente. Advierta usted esta hemorragia
vertiendo sus fonemas imprecisos.
Usted está cediendo lentamente
y solo puedo darle un caro bálsamo
de azúcar, la más dulce medicina
sobre el dolor terrible de las úlceras.

Todo esto estaba escrito en la gramática
furiosa de unas hélices. Le quedan,
supongo, unos latidos calculados.
No tema, aceptará llegado al fin
el barniz de sus huesos, el ritual
doliente de los días, el descanso
final de la ficción de nuestros cuerpos.

Negación

I

Te digo que no y es que no
tengo que soportar tus úlceras
de sal, ni tu collar de asfixia.
Que me dejes vivir por una vez
entre los ojos del lagarto
reunido cada noche con la espina,
pero nunca me des el sí
de sí, esta vez, morir tranquilo.

Te diría que no, te lo diría
sin los temblores evidentes
de ver vibrar la sombra,
te lo diría, pero
las entrañas suceden en mis labios
y negar es dar voz a lo de dentro.

II

En la vida me he visto así,
con esta breve espuma
sobreviviendo en un costado,
con este oxígeno ridículo
en el que hacer un esqueleto
que me resguarde contra
la suciedad de la mañana.

En la vida la vida me ha servido
de aburrido museo de los miembros.

Que no conquiste la extrañeza
los huecos más absurdos de la carne
y entonces sea llaga,
ni transforme mi médula
en el dulce alimento de mí mismo.

III

Si yo me siento bien y nunca
puse mis cicatrices al alcance
del granizo, lo juro
aunque me cueste sal, aunque me cueste
el rito de los miércoles,
estoy sano y se nota:
el corte de los párpados es limpio.

IV

Sin duda las rodillas están bien,
sostienen los abecedarios
que se estancan en el vientre.
La luz que se desglosa
del hígado con prisa se hace esencia,
mineral que en el cuerpo habita.

Es normal, todo marcha
según lo rutinario.
Son solo los rasguños de vivir
rodeado del viento
que consigue mecer esta ciudad.
Todo esto es normal, todo
es parte de la apuesta con la herida,
todo palpita y crece,
todo palpita y crece.

V

No tengo nada dentro
que distraiga la sangre
de sus labores de termita,
gacela solitaria en el reflujo
que azota las columnas de mi cuerpo.

No tiene nada malo
la lenta comunión con los tumores
que ocupan el espacio
sagrado de la carne.

Me siento bien y no es verdad
que me sobre el esmalte de los huesos,
que deba compartirme con la tierra.

VI

Nadie sabe que la
palabra toda es poca
contra el dolor de las pestañas,
que nada hace el azúcar
contra la radiación de los océanos,
que nada importa si la bilis,
que nada importa si la sangre,
que nada importa si los pájaros
mueren con dignidad
en otra parte transportando
con ellos el vacío de la costra.

VII

Jamás tuve que atarme
los párpados y es triste
que quepa un alarido entre las cosas.
Jamás me diste tregua,
las centésimas dulces del asalto.

Dámelo todo a bocanadas,
dame tu acupuntura de relojes,
dame tu mentira, no es tarde,
certera como el mango de un martillo,
porque quiero dejar de arrepentirme
de abonar estos órganos
con los cuajos amargos de la sangre.

VIII

Jamás, jamás, jamás el miedo,
jamás el baile de los huérfanos
sobre la sombra de mis flores,
jamás la duda de los brazos,
jamás la amputación de la chaqueta,
jamás la indecisión de los termómetros,
jamás la cirugía del vidrio,
jamás el corte virgen de los hombros,
jamás el silabario de los huesos.

Jamás en el espejo caprichoso
que juega con la imagen y proyecta
sobre el cuerpo la cómica
viñeta de mi angustia.

IX

No me quites el centro
ni las agujas amaestradas
en el hogar. Me callaré
si no me quitas los pedazos
de azar que me componen
como una salamandra
hinchada por el aire.
No me quites mi centro
y me callaré como
una cebra que se hace músculo
y queda pasto de otros peces.

X

Moveré la cabeza hacia los lados
espantando a las moscas
que anidan en la fiebre,
diré que no mil veces más,
le dejaré el espacio de la lengua
abierto a las vocales y a las válvulas
que aguantan el derrame de mi aliento.

Diré que no, sabrás
de la existencia de mi carne,
de mi cuerpo cubierto de bacterias,
de mi estrecha amistad con lo minúsculo.
Haré un hogar entre los dientes
para los habitantes de la encía.

Ira

I

Hoy querrás tanto ser tajante,
hoy tú sucederás en rabia, brecha
abierta lejos de la boca.
Dirás que hoy es el día y no
podrás amenazar con esos dientes
a nadie, ni siquiera
podrás amenazar con eso y no
podrás amenazarte ni a ti mismo.

II

Absurdo como un animal extinto
palpo mi colección de dientes,
aprieto los botones esenciales
esperando los latigazos
del sol sobre la espalda.

A ti te da por respirar
vapor en la corteza del asfalto,
te da por dar color
de cal a las señales,
te da por cualquier cosa si culmina
en la renovación de un cuerpo.

Absurdo justifico
el milagro y su penitencia,
y no puedo más que envidiar
la eterna palidez de tus mejillas.

III

Mira, puedes mirar
cómo se descompone el baile
de los músculos sobre
la rigidez de las alfombras,
mira estos cinco dedos
emigrando hacia donde
la piel ya no conforme una venganza.

Ya puedes mirar cómo
el óxido me representa
con su perfecta redondez.
Se hace tarde, suena la alarma
y me orbita un zumbido de polillas.

Mírame, es el momento
en el que se fusionan
la caries y el insulto.

IV

Dame el olor del pan
envuelto con mi fiebre,
no me quites la luz del aluminio
ni sus vetas de sol,
las estrellas fingidas
que inquietan a los pájaros.

Podría soportar la disonancia
de dos copas brindándose,
podría, pero nunca, soportar
las limaduras de la carne
sobre las partituras,
el hongo que germina en el silencio.

V

No me digas qué hacer con el invierno,
dame un minuto de tu carne,
la frase más terrible
del más terrible idioma,
la certeza sesgada
del horizonte, dame
un músculo que empuje el segundero.

VI

Despreciable gente que aguanta
el arquitrabe de los nichos
y baila con el ruido de los trenes,
cuidad el musgo de vuestros jardines
en la absoluta intimidad.

La náusea me colma
el corazón, me calma el dedo
en la llaga, rebosan
mis pulmones con vuestra dinamita,
los ojos me ocupan, la luz
es el escaparate de mis ansias
y nadie se hará cargo de mi sangre.

VII

Es solo este vivir
el asco de ser soplo,
suplirte con el aire
que queda tras la cirugía,
respirar un segundo
la risa de los otros, respirarla
con la hostilidad de las flores secas,
y que nada quede después
salvo un débil crujido
detrás de las rodillas,
que nada quede tras el rictus,
que ya no quede nada, ni el sabor
salado de uno mismo.

VIII

Gemir en vivo, desangrarse
hasta que solo sea voz
el hueco entre los dientes,
abrir el vertedero de tu estómago
a las visitas, a los perros
que quieran reciclar mis desperdicios,
saltar sobre el diafragma de los mares
borracho y asustado y malherido,
arañarse las manos
como un niño llamando a su puerta,
correr y quedar y sentir
que nada te hace falta
salvo el calcio que barniza tu esqueleto.

IX

La brasa, de pronto, avispero
ardiendo bajo la protección
de las costillas, y la sangre
rociando con cristales
los caminos del cuerpo,
meciendo los relámpagos
con mis manos desnudas.

Y la brasa se vuelve rabia,
se vierte como un jarro de veneno
sobre la piel precisa.

Y a nadie más le pasa
y nadie más grita su nombre.

X

La luna vaciándose de luz entre mis piernas y mis piernas
vaciándose de ti mientras el viento.
Gema Palacios

Las células colmando mi garganta
y mis manos colmando las lesiones,
colmándome de luz mientras el sueño
repara los cimientos de la ruina.
Volver al día con la rabia
de costumbre, la seca
dentadura que oprime
la noche, rechinando
los huesos en su lenta sinfonía.

Y mi cuerpo vaciándose de mí,
vaciándome de voz mientras el sueño.

Negociación

I

Si solo tuviera más tiempo
para domesticarme, para
esquivar el obstáculo
que suponen mis vértebras,
para vencer el miedo a la penumbra
en la que nacen los insectos,
como dije, si solo
me quedara algo más de tiempo,
evitaría la aventura
de disparar bajo la niebla.

II

Acaso fuera mosca y fuera el día
largo como un zumbido de ala,
y, es más, tuviera que beber
la fiebre de las flores
para volver a celebrar
el ritual giratorio de la sed,
la fiesta de la fiebre renacida.

Si acaso todo aquello no bastara
para darme la miel
caduca de las noches,
querría huir del aire
sin ensuciar el aire demasiado.

III

El aire es dado a cambio
de la negociación
intensa con los árboles.

Mis sienes se hinchan. Yo no he dado nada.

La lluvia reblandece
la tierra que me nutre,
atraviesa a los pájaros
que interrumpen mi sueño
y a nadie le he rezado,
a nadie acaricié. Todo me llega.

IV

No tengo más que dar, solo la carne,
por tanto, no me pidas nada
sino es la piel ardida,
los átomos de oxígeno que fijan
la geometría de la sangre,
las agujas que rasgan mis tejidos,
los fractales que extienden mi presencia.

No pidas nada más
si solo puedo darte excusas
para existir y seccionarme.

V

Le llevo calmas, légamo,
caldo espesísimo de sal,
le llevo guisos, malvas
que apoyar contra las paredes
del estómago, se lo sirvo
porque usted es usted y usted lo sabe,
se lo debo y le doy mi sueldo
envuelto en mis prendas más nobles,
le doy el sol, señor de mi alma,
le lamo la lumbre del pie,
se lo debía, se merece
esta modesta humillación.

VI

Te cambio por tu tiempo un hueso tibio,
el fantasma insistente
que ordena los minutos,
una palabra sobre la que hacer
las nuevas hélices de la costumbre,
un huerto de zancadas
fértiles y profundas
donde prohibir el paso de los niños.

Te cambio lo que quieras
por el aburrimiento de tus manos,
por la comodidad de tus pupilas.
Hagamos el trueque en el tiempo
justo, no vaya a ser
que me encuentres vaciando
el cuerpo de sus sucios engranajes.

VII

Ten claro el intercambio, yo te miro
(te miro y tus pupilas se dilatan),
ten claro que te espero hincando el diente,
las uñas más oscuras de tu alma
en la carne marcada con la espuela
que gira como giran las semanas
Me muero en artificio, solo dame
el tango primigenio del que abraza
con las piernas completas y extendidas.
Parece que hay decir, pero no es nada,
parece que eres bálsamo y se quiebra
la lengua azul que lame las palabras.
Si quieres yo te doy mis manos torpes
y libo de los labios que te sangran
y gimo en los momentos oportunos
y palpo las estrías de tus ramas.

VIII

Trocar la lengua, dar
el pie por un segundo
de plata entre los dedos,
un parche deshaciéndose en la boca,
los novedosos ritmos de la lluvia.

Negociar con el cuerpo
por un dolor de agujas
en las extremidades,
regatear la sangre
hasta llegar al precio de fábrica.

IX

Quiero erguirme más tarde,
aletargar el rictus,
honrar las partes sacras,
celebrar las partículas más sucias,
momificarme en miel,
mezclarme con el vino de mi vómito,
llamarme miembro, desmembrar mi nombre
en pequeños morfemas de silencio.

Quiero honrar la anestesia
que nos impide la palabra:
el sufrimiento, siempre,
pronosticando mis delirios.
No importa, dame más calmante,
remedio que enmudece las campanas.

X

Dejad que lo repita,
que beba otra vez de la carne
que tienden las hormigas en el barro,
que insista en el delirio del calor
y acabe con el pasatiempo
eterno de la duda.

Haré por una vez, y entre otras veces,
el jarabe más dulce
con las razas temibles de la fruta
para poder sobrevivir
sin llevarme las voces a la boca,
para dejar de preguntarme
si pesa más la tierra o es su sombra
con su constancia de vapor
la que sepulta el cuerpo de los hombres.

I

Me sacio al despertarme
del zumo de limón
que escupen los enfermos
y bebo de las uvas grises
y busco entre las sábanas
más talones y busco
las uñas del almuerzo,
pero nada puede acabar
con este ruido de turbina
que deja el corazón.

II

Estoy enfermo y quiero
dejar de ser rumor de risa,
dejar de aderezar
el barrizal que sobrevive,
pero eso no es posible,
no puedo prescindir de su precisa
manera de limar
los huesos que no dejan de crecer
en sitios donde no llega mi sangre.
Estoy enfermo y palpo
las llagas que me niega. Estoy enfermo.

III

Perdí los fiordos de la fe.
Hipólito García "Bolo"

He perdido los fiordos
de la fe, el falso valle
en el que finjo ser el anfitrión.
La fiebre de los áticos
me fulge como luces reflectantes.
Y fundo cada noche una doctrina
con un perpetuo afán de defunción.

He perdido los fiordos de la fe,
perdí el fervor del fallo.
Y fundo cada noche una doctrina
que permita morir de otros temblores.

IV

Los dueños de la risa me atraparon,
me vaciaron el pulso
con sus picos de ruiseñor
sobre la herida y ya no queda
nada con lo que combatirte.

Lo evidente ya fue
y apenas es maullido,
temblor de andén, huelga de sangre.

V

Mis ojos se parecen a tus ojos,
ambas retinas ríen y enrojecen
si se posan en el brillo del eclipse
que nubla cada tarde mis asuntos.

Y parecen iguales, casi idénticos,
porque tú te reflejas y lo mismo
en la otra dirección y las caricias
magullan nuestros párpados gemelos.

VI

Me vibran los ojos todavía
y pienso en los vestigios de tus vasos
y te espero en el vientre de las moscas,
triste como el que espera
que aparezca el musgo
en un tarro de miel.

El espasmo de mis concavidades
a su ritmo continúa y ataca
mis recuerdos y tocas
el centro putrefacto de mi risa.

VII

Fragmento los recuerdos,
te haces cápsula y rompo
el cristal de las mamparas,
recojo sus cristales y están fríos.

La ausencia del calor de tus mejillas
se nota en esta esquina de la casa.
Mi cuerpo, también blanco, atrapa el polvo
en gotas de sudor y se alimenta

con la niebla del día
y la espuma del llanto.
El hueco en los estantes aligera
la luz que nos abría
la boca si la música
servía como sábana o aliento.

VIII

A veces en invierno muere un lobo,
a veces, digo a veces, agoniza
en las rocas que afila la firmeza.
En el invierno pasa cualquier cosa:
los vecinos te niegan sus ventanas,
se juntan en el patio y reverberan,
se cubren las espaldas de sí mismos,
y no puedes perder ningún minuto
temblando como tiemblan las bisagras.
Algunas veces te haces solo invierno
y nada más que invierno, es ese marzo
con luces que deprisa se acumulan
en el débil color de las persianas.

IX

Las ganas de leer, las largas prisas
que tienen los cometas, los espacios
que dejan las avispas cuando mueren
en los sucios cristales de las casas,
las perlas o la caspa, desperdicios
vertidos en el vientre de los pájaros,
las aves camicaces, las palomas
que morían de sed y ya son agua,
personas apiladas en los pozos
que morían de sed y casi beben.

X

El cuerpo como un templo despiezado
de un todo que cayendo se hace leña
y entierra los tesoros
y dora sus entierros,
adecuado lugar para expandir
la yema del dolor.

Adoro cuando hay hielo y cuando es tenue
la llama que acelera los minutos,
y consume los grumos de la nada.

Adoro cuando hay hielo y estoy triste
en el centro de mi propio santuario,
que ya se llevarán las piedras
y le pondrán mi nombre
a un pájaro vaciado de su canto.

Aceptación

I

Tendré que conformarme con tus cantos
de pájaro nacido en la probeta
y no hacer preguntas
ni buscar las raíces de otro idioma
debajo de tus gestos.

Me quedo como estoy o no me queda
piel para acariciar
la falsa languidez
del instante anterior al aguacero.

Me quedo tal que así,
mordiendo la distancia
que se abre entre dos polos positivos.

II

Acepto los errores
con humor de psicópata y de santo,
los acepto como el que adopta
la médula del otro.

Cargaré con la cruz de estos errores
y no arderán más pájaros
en el nido de la fiebre, y ya nunca
tendré que preocuparme por las voces
que salen de mi sien y cantan
al ritmo que imponen las gotas
de un grifo mal cerrado.

III

Más se pierde buscando el cuerpo
que abate la borrasca,
más se pierde esperando
una escalera de color,
aún más en el tropiezo, más se pierde
en la ebriedad de los cristales,
más se pierde entre los bolsillos
ocultos y rasgados,
más poemas se pierden en la hierba,
más se pierde en la duda
de los domingos, más se pierde
en el lapso con otra lengua,
más se pierde en la guerra, se han perdido
decenas de zapatos en la costa.

IV

Me duelen ramas muchas,
me duele la raíz
de miel anémica regada,
la inmensa cicatriz
que cierra mis preguntas.

Echo de menos el maíz
podrido de mis manos
si vuelve a resonar, flauta feliz,
el aullido cuajado con mi sangre.

Distinguiré el matiz
lechoso de mi sal en las mejillas
y seré del dolor torpe aprendiz.

V

No ser es algo hermoso
si miras desde el ojo de los cuervos,
limar y desgarrarse, todo en uno,
ponerse al servicio del pasto,
ser música de cuerda sola,
circo de pulgas, viento
de risa entre las sienes.

Es muy hermoso, os digo, no decir,
ir de puntillas sobre el puente
que humilla al río, es tan hermoso
no ser que parasito
el calor de la arena.
No ser más que un hermoso hueco
y que violentamente ocupen.

VI

Soñar, volver y abrir
los cajones más íntimos
de la voz, revolverlos
hasta quedarse mudo,
pensar en otras voces
y hablar la misma lengua,
vivir en otras lenguas
y volver a la vida,
creer que aún estás vivo
y derramar la piel,
querer volver, soñar
y desdoblar el grito
en cada bocacalle,
enmudecer al fin.

VII

La jaqueca es solo el azar
del que engarza en balde la nuca,
jarabe que quita las taras,
tarea de arder como azúcar.

VIII

Será de esta manera,
se hará así si no hay nada
que pueda con la luz que va filtrándose
por mis poros holgados,
es constante el tumor
que crece y es suceso y se hace así
y así se hará y es todo
y al mismo tiempo es nada y peso menos
que cuando iba cargando con la risa
por las calles estrechas de mis dientes;
y que sea así, pues,
con las manos manchadas de arcilla
y el arma del delito
oculta en otro cuerpo.

IX

Llegados al final,
lo que me suda es polvo
y todo lo que escucho es el zumbido
del insecto que raya las persianas
en las horas que afila el aluminio.

Llegados a este punto,
el parto es imposible
de las luces precisas y agrias,
el movimiento que arruga los órganos.

Me calmo llegado el momento,
me siento en el diafragma,
me mezo en el temblor de tus pulmones.

X

Te digo adiós temblando,
te digo adiós, mi vida,
con la seguridad del malherido
que torpemente se pasea
por los pasillos de los hospitales,
te digo adiós con unas manos
inflamadas de agitación,
te digo adiós mediante
palabras infectadas de su azúcar,
te digo adiós, beso la frente
del otro, adiós, no finjo
el hilo adelgazado de mi voz.

Epílogo

Epílogo

Y, cuando yo me muera,
fingid una oración,
un salmo de señales huecas,
la fiebre de los símbolos
buscando un cuerpo nuevo.

Recordad, cuando yo me muera,
prended el rastro seco de la voz.

ÍNDICE

Negociación

Depresión

Aceptación

Epílogo

Este libro se terminó de editar en Granada
en abril de 2024 por

Aliarediciones

www.aliarediciones.es
info@aliarediciones.es